첫사랑의 신비

첫사랑의 신비

초판 1쇄 인쇄 2011년 3월 23일
초판 1쇄 발행 2011년 3월 28일

지은이 | 김기원
펴낸이 | 金泰奉
펴낸곳 | 도서출판 띠앗
등 록 | 제4-414호

편 집 | 박창서, 김주영, 김미란, 이혜정
마케팅 | 김영길, 김명준
홍 보 | 장승윤

주 소 | (우143-200) 서울시 광진구 구의동 243-22
전 화 | (02)454-0492(代)
팩 스 | (02)454-0493
이메일 ddiat@ddiat.co.kr
홈페이지 www.ddiat.co.kr

값 6,000원
ISBN 978-89-5854-085-4 (03810)

첫사랑의 신비

김기원 지음

도서
출판 띠앗

작가의 말

2002년, 그동안 모아 두었던 낙서들을 시란 이름으로 첫 번째 시집 '그대 나를 처음 만난 날'을 발표한 지도 벌써 8년이 지났습니다.

글을 쓰는 것이 좋아 무작정 했던 낙서가 시란 이름으로 예쁘게 포장이 되고 보니 제가 직접 그 낙서를 노래로 만들고 싶다는 생각이 들었습니다.

또 다시 무작정 작곡학원을 다니며 작곡을 배우고 노래를 만들기 시작했습니다.

이렇게 하나둘씩 모아 두었던 노래 9곡으로 이번에 음반 '파피루스'를 발매함과 동시에 음반에 수록된 시와 새로운 시로 두 번째 시집 '첫사랑의 신비'를 발표하게 되었습니다.

누군가를 만나고 사랑하고 헤어지고 그리워하고 또 새로운 사랑을 만나면서 겪게 되는 소중한 감정을 담았습니다.

시집 '첫사랑의 신비'로 인해 사랑을 하고 있거나 사랑을 했거나 또는 사랑을 준비 중인 분 모두가 잠시마나 삶의 여유와 함께 여운을 음미할 수 있기를 바랍니다.

부족한 낙서가 첫 번째 시집에 이어 두 번째 시집이 될 수 있도록 세심한 배려를 해 주신 도서출판 띠앗 김태봉 사장님과 이혜정 편집자님 및 출판사 관계자 분들께 감사를 드리며, 저에게 작곡을 가르쳐 주고 음반 작업을 함께해 준 부산 '미디스트 실용음악학원' 원장 최상인 선생님께도 감사를 드립니다.

또한 언제나 곁에서 삶의 원동력이 되어 주는 나의 아내 박수경과 두 딸 나경이와 민정이에게 사랑한다는 말을 전합니다.

김기원

목차

2부 사랑은 이별을 부르지 않아도

3부 이별은 그리움으로 떠돌아

4부 그리움은 또 다른 시작과 맞선다

1부

만남은 사랑을 향해 가고

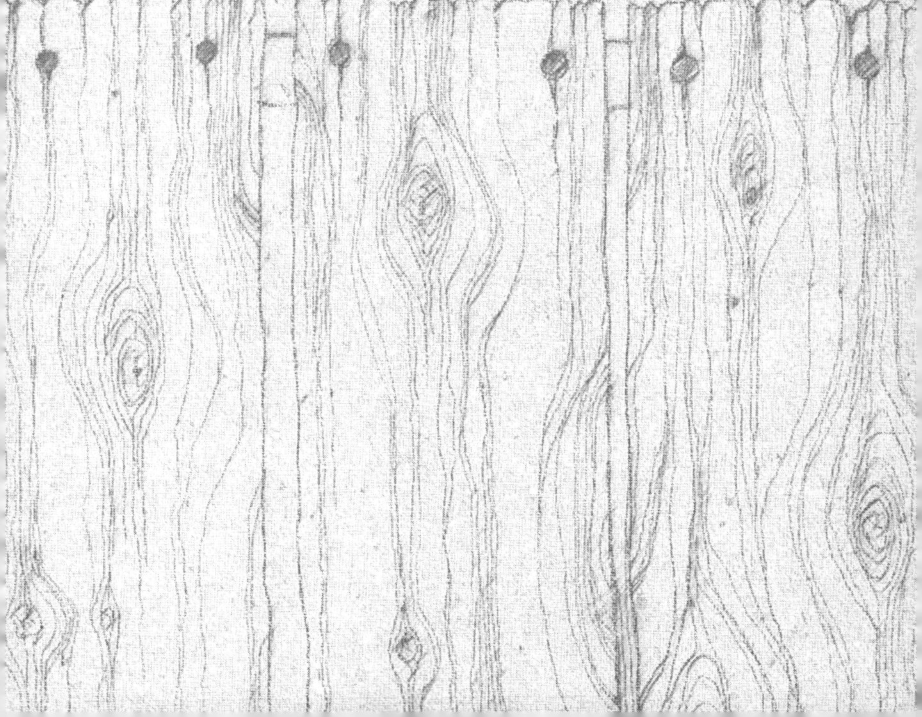

너에 대한 그리움으로 또 다른 누군가를
만나더라도
더 이상의 설레임은 다시 내게 없겠지만
행여 예전에 몰랐던 감정을 느끼게 된다면
그땐 또 다른 사랑이란 이름으로 기억되겠지

어쩌면 자신도 모르는 사이 살며시 다가와
사랑을 느끼기도 전에 사라져 버리고
어느덧 두 번째 사랑으로 불리어지는 건
처음 사랑만이 지닌 신비함 때문일 거야

첫사랑의 신비

누군가를 만나 서로 사랑하는 게 어떤 건지 몰랐지만
나 너를 처음 만나 가슴 벅찬 설레임이 있었지
너와 헤어진 지금도 사랑이란 게 무언지 알 수 없지만
나 너를 향한 그리움은 남아 있어

수많은 밤들을 설레임과 그리움으로 지새워도
처음 느끼는 감정에 사랑이란 말은 낯설기만 한데
아무리 너와의 시간들이 아름다움으로 빛난대도
이제 와 지난날들을 사랑이라 부를 수 있을까?

너에 대한 그리움으로 또 다른 누군가를 만나더라도
더 이상의 설레임은 다시 내게 없겠지만
행여 예전에 몰랐던 감정을 느끼게 된다면
그땐 또 다른 사랑이란 이름으로 기억되겠지

어쩌면 자신도 모르는 사이 살며시 다가와
사랑을 느끼기도 전에 사라져 버리고
어느덧 두 번째 사랑으로 불리어지는 건
첫사랑만이 지닌 신비함 때문일 거야

사랑은 시작하는 것이 아니라

불어 가는 바람을 잡으려 하나 봐요
마음만 허둥거리고 있네요
흘러가는 강물을 담으려 하나 봐요
마음만 두근거리고 있네요

시간이 말해 주네요
사랑은 흘러가는 바람인 것을
바람을 안을 수 있는 가슴은
시간이 필요하다고

세월이 전해 주네요
사랑은 흘러가는 강물인 것을
강물을 담을 수 있는 가슴은
세월이 필요하다고

불어 가는 바람에 몸을 실은 채
시간을 따라 흐르면
노을 진 하늘 끝자락에
사랑은 피어난다고

흘러가는 강물에 몸을 맡긴 채
세월을 따라 흐르면
파도 친 바다 깊은 곳에
사랑은 떠오른다고

사랑은 시작하는 것이 아니라
시간이 만들어 주는 것이라고

세 송이 장미의 고백

한 번도 내 마음 그대에게 표현한 적 없었고
무심한 시간만 우리를 스쳐 지나가는데

오늘은 내 마음 그대에게 전하고만 싶어져
세 송이 장미에 사랑을 가득 담아 건네주고파

첫 번째 장미는
그대를 만나기 전 서로의 과거를 위하여
난 그대의 과거까지 사랑할게요

두 번째 장미는
그대를 만나게 된 우리의 현재를 위하여
난 그대로 인해 비로소 행복함을 느껴요

마지막 남은 한 송이의 장미는
영원한 우리의 미래를 위하여
부족한 사랑 언제나 변함없이 키워갈게요

그대여
수줍은 나의 마음 나의 사랑

기꺼이 받아 주신다면
그대 품에서 떨고 있는 세 송이 장미를
살며시 안아 주세요

하늘 사랑

아침에 눈을 떠 하늘을 봐요
하늘도 이제 막 잠이 깨었나 봐요
흐트러진 구름결 반쯤 눈을 뜬 반달
그 하늘 위에 그대의 얼굴도 비치네요

달콤한 햇살이 볼에 닿네요
상큼한 바람이 귓가를 스쳐 가네요
눈부신 하늘빛 오똑한 산봉우리
그 하늘 속에 그대도 나를 보고 있네요

간밤엔 뜬눈으로 잠을 설쳤죠
하늘도 나처럼 잠을 설쳤나 봐요
쏟아지는 빗줄기 내 마음처럼
그댈 향해 내리고 있네요

가끔씩 그대 입술 달이 되어
환하게 웃음 지어요
가끔씩 그대 두 눈 별이 되어
살며시 윙크하네요

처음 느낀 알 수 없는 감정에
자꾸만 하늘을 쳐다보아요
하루 종일 그대 얼굴 하늘 되어
내 주위를 맴도네요

그대 나를 처음 만난 날

기억하나요 그대 나를 처음 만난 날
유난히 햇살이 따사롭던 이른 봄날
설익은 햇살에 고개를 숙인 채
그늘 한 점 없는 도심을 방황하고 있었죠

하늘의 햇살이 나에게 다가오는 듯
난 하나의 그림자를 밟았죠
햇살에 이끌려 태양의 그림자를 이고 있는
그대의 미소를 처음 보았죠

그대의 그림자가 다가와 나의 귀에 속삭일 때
애타는 간지러움에 난 웃음을 흘리고 말았죠
웃음을 스쳐 가는 그대의 발걸음 뒤로
나의 그림자는 멀어지는 그대만큼 커져 갔죠

알고 있나요 그대 나를 처음 만난 날
유난히 햇살이 따사롭던 이른 봄날
그대의 기억 속이 아닌 그림자 속에서
내가 그대를 이미 만났다는 것을…

우리 하나

우리 하나 되기 위해 보낸 시간들
이젠 아름다운 추억 되네요
그대와 나 함께했던 날들을
영원히 잊지 말고 기억해요

그대와 나 하나 되는 오늘 이 시간
우리 사랑을 축복해 주네요
우리란 이름으로 함께할 날들
그대이기에 더 행복하죠

아무리 멀리 있었다 해도
지금처럼 우린 만났을 테죠
아무리 오랜 기다림 속에도
변함없이 우린 사랑할 테죠

그대란 걸 믿어요
그대가 내 마지막 사랑이란 걸
그대란 걸 알아요
내 삶 끝까지 그대 함께할 사람이란 걸

가을 하늘

오늘 문득 가을 하늘에
그대의 모습이 스며들어요
그대의 미소가
구름 되어 다가오네요

어제까지 하늘은
비를 머금고 있었고
옛사랑은 구름에 흩어져
떠나가고 떠나갔죠

언제나 하늘은
옛사랑을 토해 내는 영화였고
구름은 눈물을 자아내며
떠나가는 추억이었죠

오늘 문득 가을 하늘에
그대의 얼굴이 스며들어요
그대와 함께 다가온 가을 하늘에
단풍이 들었어요

미소를 머금은 그대의 볼에
부끄러이 단풍이 들었네요

그대와 함께 꾸미는 얘기

언제였나
그대로 인한 설레임으로 가슴 졸이던 날이
이젠 나만이 간직한 동화가 되었나

언제였나
그대 주는 그리움으로 밤을 지새우던 날이
이젠 주인공이 없는 소설이 되었나

매일 그대와 함께 꾸미던 한 편의 동화 같은 얘기가
언제부터인지 나만의 쓸쓸한 독백으로 바뀌고

우리라는 이름으로 불리던 한 편의 소설 같은 얘기가
나와 그대라는 어색한 이름으로 갈라지게 되었지만

우리의 얘기엔 아무런 시련도 없는
그저 평범한 얘기였다 해도
우린 서로에게만 들리는
아름다운 얘기를 나누었는데

이제 그대와 멀어져
더 이상 우리의 얘기를 쓸 수 없다 해도
지금 이 순간이 이미 준비된
한 번의 시련이라는 생각에
예전에 그대에게 달려가던 밤에 그랬듯
오늘밤도 그대를 기다리며 뜬눈으로 지새워요

언제일까
그대가 돌아와 우리 얘기가 다시 시작되는 날이
그땐 한결 아름다운 얘기로 남겠죠

그대의 집 앞에서

처음 그대를 알고 무작정 찾아 나선 그대의 집 앞
그대를 볼 수 없는 휴일이면
집에 머물러 있기가 힘들어
약속이나 한 듯 그대의 집 앞을 서성거리죠

조금은 쓸쓸한 나의 모습에
모든 사람의 시선이 따가워도
언젠가 그대의 고운 손을 잡고 함께 거닐 날을 그리며
그대를 만날 수 없어도 나의 마음은 포근해지죠

꿈속에서나 그대와 함께할 수 있었던 이 길을
꿈을 꾸듯 그대와 함께 걷는 오늘
저 멀리 방황하던 나의 모습이 스쳐 지나가고
그대의 속삭임이 꿈보다 더한 행복을 전해줘요

우리를 바라보는 다른 사람들의 낯선 시선에
조금은 부끄러운 듯 그대는 고개를 떨구지만
난 그대의 머릿속에 오가는 불안함을 느껴요

그대의 붉어진 부끄러움에 난 미소로 대답할 뿐
간직한 나의 사랑도 부끄러워 두근거리는데
나 살며시 마주 잡은 그대의 손을 굳게 쥐어요

어제까진

어제까진 참을 수가 있었어요
그대를 보고 싶다는 말
둘이보단 혼자만의
자유로움이 좋았으니

어제까진 참을 수가 있었어요
그대를 사랑한다는 말
감정보단 현실이
우리 사이에 놓여 있었으니

오늘 문득 그대 모습에
그동안 나도 모르게
피어난 사랑의 감정을
현실도 이성도 억누를 수가 없네요

오늘은 참을 수가 없어요
그대를 보고 싶다는 말
혼자보단 둘이 함께
먼 길을 가고 싶으니

오늘은 참을 수가 없어요
그대를 사랑한다는 말
현실보단 믿음이
우리 사이를 이어주고 있으니

이제 나의 오늘은 과거가 되고
또 다른 나의 오늘은 미래가 되어
영원한 오늘로 남을 거예요
그대와 함께

다가올 한 사람을 그리며

비어 있는 나의 옆자리가 외롭지 않은 건
시간이 지나는 간이역에서 아무런 예고도 없이
그대를 만날지도 모르기 때문일 거야

홀로 있는 나만의 시간이 외롭지 않은 건
시간이 멈추는 간이역에서 희미한 예고와 함께
그대가 다가오는 것이 느껴지기 때문일 거야

비어 있던 나의 옆자리가 그대로 인하여
아름답게 채워질 수 있도록
행여나 부족함이 없도록 그대 맞을 준비를 할게요

한번도 채워지지 않았던 나의 빈자리였기에
모든 것이 그대에게 서툴고 부족하겠지만
변함없는 마음으로 그대를 사랑할게요

다시 또 채워지지 않을 나의 빈자리이기에
모든 것을 그대에게 드린대도 아까울 게 없겠죠
한결같은 사랑으로 그대와 함께할게요

공든 탑은 무너지지 않는다

이제는 우리가 처음 만난 날이 전설이 되고
누가 먼저 관심을 보였는지
웃음으로 얘기할 수 있지만
그때는 그대도 힘이 들었겠죠

이제는 우리가 흘린 눈물들이 노래가 되고
수많은 감정의 줄다리기를
웃음으로 얘기할 수 있지만
그때는 하늘도 힘이 들었을걸요

서로가 서로의 마음을 눈치채지 못하고
가까이 다가서지 못한 채 가슴만 졸였었죠

그때는 왜 그렇게 생각이 많았는지
사랑을 머리로 하는 것도 아닌데
그때는 왜 그렇게 용기가 없었는지
마음은 서로를 간절히 원하면서도

공든 탑은 무너지지 않는다는 말
우리 사랑을 두고 하는 말일 거야

상처

그대에게 가슴 아픈 말들을 남기고
혼자 밤거리를 걸으면
함께했던 시간들이 밤하늘의 별빛 되어
나의 발걸음을 붙잡아요

그대에게 화가 난 얼굴로 뒤돌아서
혼자 집으로 돌아올 때면
함께 나눈 추억들이 알 수 없는 바람 되어
나의 사랑 얘기 들려 줘요

다정히 함께 걷는 것만으로도 가슴이 설레고
그대 미소 가까이서 바라보는 것만으로도
한없이 행복을 느꼈던 나의 사랑이었는데

이렇게 지난 일들을
조심스레 떠올리는 순간에도
그댄 어딘가에서 우리들의 추억들에
불을 지피고 있는지도 모르겠죠

이렇게 나의 사랑 얘기
수줍게 듣고 있는 순간에도
그댄 어딘가에서 추억들이
타고남은 상처만을 바라보고 있는지도 모르겠죠

오늘은 우리 사랑 흔들리고 눈물이 흘러도
그 상처 또한
웃음으로 떠올릴 수 있는
함께 나눈 추억이 되게 할게요

사랑은 여운을 타고

한동안 보이지 않는 나의 모습에
가끔은 나의 기억 떠오르진 않는지
지금 이 순간에도 너의 모습 보고픈데
널 떠나선 잠시도 난 견딜 수가 없는데

너에 대한 관심이 사라진 거란 생각에
괜스레 우울함을 느끼지는 않는지
시간이 흐른대도 널 잊을 수가 없는데
잠시 나의 사랑 여운을 남긴 거라 생각해

나조차 알지 못했던 그댈 위한 사랑의 깊이를
짧은 여운 속에 비로소 나 알게 되는데
그대도 알지 못했던 나에 대한 그리움들을
짧은 여운 속에 어렴풋이 알게 된다면

우리 사랑 여운을 타고 하나의 모습이 되어
우리 곁으로 다가오게 될 거야
우리 서로 떨어져 있어도 더 큰 사랑으로 이어 주는
보다 짙은 여운을 만들며

우리 사랑 여운을 타고 하나의 모습이 되어
우리 곁으로 다가오게 될 거야
우리 서로 헤어질 수 없는 영원한 사랑으로 이어 주는
더욱 커진 여운을 만들며

나만을 편들어 주는 사람

언제나 내가 하는 말에 귀 기울이며
공정한 이야기를 해 주던 너의 모습이 좋아서
누구보다 너를 먼저 찾았었는데
오늘의 이 허전함은 무엇 때문인지

나의 잘잘못을 가려 위로와 꾸중을 하던
너의 거짓 없는 솔직함이 좋았었는데
오늘은 다른 사람의 편을 드는 너의 말이
야속하게만 들리는 건 왜인지

덩달아 네가 편을 드는 그 사람이 미워지고
이젠 나만을 편들어 줄 누군가가 필요하다는
메아리만 내 귓가에 울려 너를 다시 바라보아도
아직 끝나지 않은 그 사람의 이름만 되풀이되는데

정말 난 나만을 편들어 주는 사람이 필요한 건지
네가 나만을 편들어 주길 바라는지 알 수 없지만
오늘 이런저런 생각을 가져다 준 너였음에
나만을 편들어 주는 사람이 네가 된다면 더욱 좋겠어

자유보다 편한 구속

떠도는 사람들 속에 사랑 또한 하루하루 떠다니고
어느새 마음 둘 곳 없는 외로운 처지가 돼 버렸네

화려한 자유를 꿈꾸며 사랑 따라 이리저리 떠다니고
이제는 갈 곳 잃은 처량한 신세가 돼 버렸네

누구에게도 구속받지 않는 자유로움이
어느덧 누구 한 사람도 내게
마음 주지 않는 외로움으로 변해 가네

이제는 흩어진 마음을 모두 추스려
한 사람에게 주고만 싶어
나의 작고 큰일에 부딪혀
떠오르는 한 사람이 있었으면 좋겠어

이제는 떠도는 사랑을 모두 추스려
한 사람에게 쏟고만 싶어
삶의 기쁘고 슬픈 일에 임하여
함께할 나만의 사람이 있었으면 좋겠어
자유보다 편한 구속을 느끼고 싶어

기다리며...

너의 웃는 모습을 그리며 널 기다리는 이 설레임
저만치 해맑은 미소를 머금은 채
넌 달려오겠지

지나가는 사람들의 얼굴 위로 너의 발걸음이 들리고
언제나처럼 멋쩍은 표정으로
넌 내 앞에 서 있겠지

괜스레 왔다 갔다 나의 마음은 초조해지고
괜스레 이리저리 나의 시선은 분주해지는데

오늘도 지나 버린 너와 나의 약속 시간이
변함없는 너의 사랑을 말해 주는 듯하고

조금씩 두근거리는 너에 대한 설레임이
커져 가는 나의 사랑을 확인시켜 주는데

미소를 머금은 채 나타날 거란 나의 믿음
웃음을 가득 띤 채 기다릴 거란 너의 믿음
이렇게 우리 사랑은 오늘도 커져 가나 봐

내가 만난 그 어떤 사람보다도

그대가 왜 그런 불안한 생각을 하는지 알 수 없어도
내가 만난 그 어떤 사람보다 그대를 사랑해요

그대가 왜 그런 불안한 감정을 갖는지 알 수 없어도
나를 스쳐 간 그 어떤 사람보다 그대를 사랑해요

그대를 만난 걸 나의 행운이라 생각하고 있어요
세상의 모든 행복이 그대로부터 다가오는 듯해요

그댈 사랑하는 걸 나의 운명이라 생각하고 있어요
세상의 모든 사랑이 나에게로만 밀려오는 듯해요

그대의 모든 걸 내가 다 알게 된 뒤
나의 사랑이 사라져 버릴까 불안한 마음인가요
내가 만난 그 어떤 사람보다 그대를 사랑하는걸요

그대의 모든 걸 내가 다 알게 되더라도
나의 사랑이 사라져 버리는 일이란 없을 거예요
내가 만난 그 어떤 사람보다 그대는 사랑스러운걸요
내가 만난 그 어떤 사람보다도…

2부

사랑은 이별을 부르지 않아도

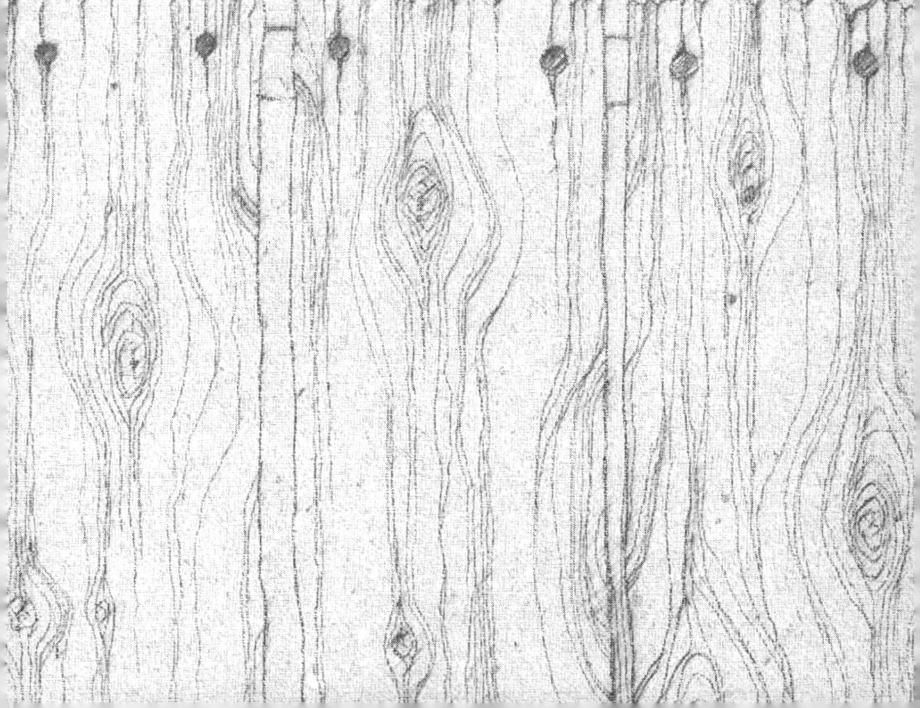

누군가를 한순간 사랑한다는 게
끝없는 헤어짐만 남는다는 걸
그대 이별의 한마디보다 가슴 아픈
영원한 헤어짐이 숨어 있다는 걸

그대 내게 가르쳐 주고 싶었나요
그대 역시 지금 이 순간 나와 이별을 하고 있나요
그대를 영원히 잊을 순 없을 거예요
눈물로 하루를 참을 뿐이죠

이별의 말 한마디 없이도

이별의 말 한마디 없이도 헤어질 수 있는 거였니
사랑이 조금 더 식으면 작별인사를 하게 될까

이별의 말 한마디 하기가 너 역시도 힘들었겠지
사랑이 아직 남아 있는 한 이별은 말할 수 없을 테니

침묵으로 느낌으로 너의 이별을 예감할 수 있지만
나 역시 사랑이 남아 있는 한
이별의 한마디조차 받아들일 수 없어

언젠가 세월이 흐른 뒤
마지막 남은 너의 사랑이 사라지게 되면
여전히 네 곁에 머무르고 있는 나에게
이별을 말해주길 바래

하지만 세월이 흐른 뒤에도
너만을 위한 나의 사랑이 변함없다면
아닌 척 나 역시 널 모두 잊은 척
너의 이별을 들어 줘야 하는지
이별의 말 한마디 없이도 이미 헤어진 것이라면…

인연

인연이 있다면 이젠 믿을게요
그대를 만났을 때가 아닌
그대를 떠나보내고 난 후

그것 또한 인연이라면 받아들일게요
그대와 영원히 함께할 수 없는
만남 자체가 전부인 인연도 있다는 것을

조금 더 일찍 만났다면
아니 조금 더 늦게 만났더라면
사랑이 되었을 거란 생각이
인연이란 말 속에 괴로워하네요

조금 다른 마음을 가졌다면
아니 조금 다른 행동을 했었더라면
사랑이 되었을 거란 생각이
인연이란 말 앞에 울고 있네요

인연이 있다면 이젠 믿을게요
인연을 믿지 못해 그댈 보냈기에

하지만 지금은
오늘까지의 인연만 믿을 수밖에 없음을

너의 새로운 사랑

너에게 새로운 사람이 생겼다는 말이 떠돌고
자꾸만 불안해졌어
그 사람도 나의 존재를 알까
숨기는 것인지 너무 궁금해졌어

그래 나에겐 그 사람으로 인한 너의 행복보다
그 사람도 나를 아는지가 더 중요했어

난 이렇게 그 사람으로 인해 괴로운데
나 혼자만 못난 것인지
넌 그렇게 그 사람만을 두둔하겠지만
그 사람도 나와 다르지 않을 거야

우연히 너의 집 앞을 서성이다
뜻밖에 둘의 모습을 보고 망설였었지
너의 행복을 위해 돌아서려 했지만
나도 모르게 너의 이름을 부르고 말았어

아무도 모르게 그 사람 만날까 고민했지만
그의 사랑 변함없이 널 지켜준다면

나 이젠 그 사람 받아들여야겠지
너의 새로운 사랑을 위해

그대가 나를 만나기 전

그대가 나를 만나기 전
난 그대를 만났죠
그대가 나의 이름을 부르기 전
난 매일 밤 그댈 찾았죠

그대가 나를 만나기 전
난 그대를 사랑했죠
그대가 내게 미소를 보이기 전
난 매일 밤 그대 꿈을 꿨죠

그대의 비어 있는 옆자리가
조금씩 커 보일 때면
소중히 간직해 온 나의 사랑은
그대에게로 달려가고 있었고

그대의 텅 빈 외로움이
조금씩 비쳐질 때면
더 이상 참지 못한 나의 고백은
그대 주위를 맴돌고만 있었죠

그대 앞에 선 나의 사랑은
그대의 다른 사랑을 알게 되었고
그대의 애틋한 사랑 앞에서
멍하니 바라볼 수밖에 없었죠

그대가 나를 만나기 전
난 그대를 떠났죠
그대가 나의 이름을 부르기 전
난 매일 밤 그댈 떠났죠

나의 사랑

끝까지 사랑한다는 말은 아낄게요
지금 이 순간이 마지막이라 해도
그대가 행복한 사랑할 수 있도록
눈물은 나 혼자 간직할게요

언젠가 오늘처럼 우리 만난다 해도
예전에 왜 그댈 사랑한다는 말
끝까지 하지 않았냐고 묻지 말아요
그땐 눈물을 참을 수 없을 거예요

나 역시 말하고 싶었어요
우리 함께한 시간은 사랑이었다고
그대 행복한 미소에 눈물을 참으며
이게 사랑이라고 믿었죠

먼 훗날 그대 나의 눈물을 보더라도
아직도 그댈 사랑하냐고 묻지 말아요
그대 삶에 지친 표정에 눈물만 지으며
이게 사랑이라고 믿어요

그대 행복한가요

그대에게 다른 사람이 있다는 걸 알았을 때엔
이미 그대에게 나의 마음을 아낌없이 줘 버린걸요

그대에게 다른 사람이 있다는 걸 알았음에도
한번 놓아 버린 나의 마음은 되돌릴 수가 없는걸요

나를 만나기 전에 그대 행복했듯이
지금 이 순간에도 그대 행복한가요

나를 만나기 전에 그대 혼자였다면
지금 이 순간에는 나의 사랑이 되었을까요

그대가 행복하다면 나의 사랑이 될 수 없다면
나 혼자만의 아픔으로 가슴에 묻어야 하는데
놓아 버린 나의 사랑은 이젠 나의 것이 아닌걸요

그대여 행복한가요 나의 사랑이 될 수 없나요
나 혼자만의 사랑으로도 그대 짐이 된다면
쏟아 버린 나의 마음을 다시 찾으러 가야겠죠
그래야 하겠죠 그대 행복하다면…

언제나 그랬듯이

언제나 내 곁에 있어 주던 그대이기에
그렇게 쉽게 떠나가리라 생각 못했죠
멀어져 가는 그대를 멍하니 바라보며
안타까워할 뿐 붙잡을 순 없었죠

몇 번의 이별의 투정 어린 나의 말에도
포근한 미소로 따듯이 감싸 주던 그대
그렇게 언제나 그댄 나만의 사람인 채로
머물러 있을 거라 쉽게 여겼나 봐요

나에게 다가온 새로운 만남으로
나 처음 한참 동안 망설였지만
이것이 그대와의 이별이 되리라곤
꿈에도 생각할 수 없었던걸요

나에 대한 실망보다 무기력함을 느꼈을 그대
잠시 동안의 다른 만남으로
그대의 깊은 사랑을 알게 됐지만
아무런 변명도 하지 못한 채 보내야 했죠

언젠가 내 곁에 다시 돌아오리라 믿는다면
이젠 그대 사랑을 받을 자격이 없는 건가요
나 이렇게 그대가 돌아오리라 믿고 있는데
나 또한 그대만을 기다릴 거라 믿어 줘요

처음 말을 건넬 때처럼

나 처음 너에게
말을 건네기가 힘들었던 만큼
너 또한 나에게
이별을 말하기가 쉽진 않았을 거야

내 서툰 첫인사
다정한 미소로 받아 주었듯
나 또한 너의 작별을
웃는 얼굴로 받아들여야겠지

나 너의 해맑은 미소에 사랑을 느꼈듯이
너 나의 웃음에 편안해질 수 있다면
그래야 하겠지
너의 미소를 소중하게 지켜줘야 하겠지

새롭게 찾아온 너만의 사랑이
변색되지 않도록 조용히 너의 곁을 떠나가지만
나 없는 세상에서 살아가게 되더라도
이것만은 부디 기억해 주길 바래

먼 훗날 그대 사람에 아픔이 찾아오게 된다면
나 처음 말을 건넬 때 그랬듯
지금 이 순간에도
다시 너의 곁으로 다가설 수 있도록
홀로 힘든 밤을 보내고 있다는 것을

한 번의 고백으로 끝나는 사랑

그대를 처음 본 순간
남몰래 키워 온 나의 감정을 주체할 수가 없어

그대의 표정 없는 몸짓도
나에겐 커다란 의미로 다가오고
그대도 나의 이런 마음을 기다리는 듯
나를 재촉하는 것 같아

그대가 언제라도 저 멀리
날아가 버릴 것 같은 불안함을 견디지 못해
나의 불완전한 마음을 그대에게 주고 말았죠
그대가 나로 인해 겪을 낯선 감정은 아랑곳없이

우리의 사랑은
그대의 선택에 의한 것이라 나를 위로하고
때 이른 고백에
아무것도 할 수 없는 그대를 지켜보며
인연이 아니라고 쉽게 나의 감정을 정리해 버렸죠

내가 감당해야 할 사랑의 아픔을
그대에게 돌리고 떠난 지금
나의 이기적인 사랑을 깨달았지만
그대에게 다시 다가서고픈 마음 간절하여도
설레임이 사라진 지금 그댄 날 원치 않겠지요

내게 남아 있는 삶

한때는 그대를 사랑하며
살아갈 삶이라 생각했는데
이제 나에게 남아있는 건
그대와 헤어지기 위한 삶일 뿐

한때는 그대를 사랑하면 할수록
더 큰 사랑인 줄 알았는데
이제 나에게 다가오는 건
날마다 끝이 없는 그대와의 이별뿐

가끔은 그댈 떠나보내고
가끔은 내가 그댈 떠나 보아도
또다시 떠오르는 그대 모습은
남아 있는 나의 삶의 몫일 테지

누군가를 한순간 사랑한다는 게
끝없는 헤어짐만 남는다는 걸
그대 이별의 한마디보다 가슴 아픈
영원한 헤어짐이 숨어 있다는 걸

그대 내게 가르쳐 주고 싶었나요
그대 역시 지금 이 순간 나와 이별을 하고 있나요
그대를 영원히 잊을 순 없을 거예요
눈물로 하루를 참을 뿐이죠

추억이 없는 사랑

너를 담기에 나의 가슴은 너무나 좁아
너의 모든 것을 가질 수가 없는지
너를 잊기엔 나의 마음은 너무나 깊어
너를 한순간도 지울 수가 없는데

바라만 보아도 행복했던 날들은
어디론가 사라져 버리고
이젠 다가설 수 없는 아픔만이
내게 남아 있을까

한 번도 나의 앞에서 미소 짓는
너의 얼굴을 그리진 않았지만
너의 웃음에 고개 돌릴 나의 모습 또한
상상할 수가 없었기에

멀어지는 너의 뒷모습이 현실이라 해도
지난날들을 추억이라 부르진 않으리
한없는 그리움에 눈물이 현실이라 해도
변함없는 사랑으로 너만을 기다릴 테니

혼자 찾은 너의 집

언젠가 함께 왔던 너의 집 앞이
오늘은 왠지 낯설게만 느껴지고
혼자 찾은 너의 집 앞을 서성이며
너의 모습을 찾으려 애써 보지만

예전의 환하게 웃던 모습만이
다른 사람의 얼굴에서 떠돌고
지친 발걸음을 힘들게 돌리려 해도
나의 마음은 한순간도 떠날 줄 몰라

이젠 오가는 사람조차 없어지고
가로등만이 어둠을 밝히는데
행여나 너의 창가에 불이 켜질까
안타까운 담배 연기만 자욱할 뿐

어느새 밝아 온 새벽이 나의 모습을 드러내면
초라함에 망설이다 고개를 떨구고
오늘도 못다 한 말과 나의 마음을 남겨 둔 채
절뚝이는 발을 끌고 힘없이 돌아서네

빗나간 사랑

그대의 억지웃음 뒤에
숨겨진 말들이 전해져요
언제부턴가 새어나던 느낌들을
이젠 그대도 숨길 수가 없나 봐요

그대의 지친 침묵 속에
감춰진 진실이 느껴져요
언제부턴가 다가오던 예감들을
이젠 그대도 바꿀 수가 없겠죠

한순간 나와의 빗나간 사랑 앞에서
날 떠나지 못하고
그대 혼자 방황하고 있나요

그대의 행복과 나의 사랑이
함께할 수 없는 현실 속에서
무엇도 놓아 버릴 수 없는 나 역시
그대처럼 억지웃음만 지어 보지만

그대의 사랑과 나의 행복이
함께할 수 없는 현실이라면
영원히 눈물은 가슴속에 묻은 채
그대처럼 침묵으로 돌아설게요

그대 기억 속 빗나간 사랑이 되어…

주었던 사랑이 없다면

이렇게 그대와 헤어질 줄 알았다면
나 그대를 처음부터 사랑하지 않은 걸까요

마지막 그대의 눈빛에도 아무렇지 않다면
정말 그대에게 주었던 사랑이 없는 까닭일까요

그래도 난 그대 곁에 머물고 싶었어요
언제나 변함없는 마음을 간직한 채

그것만으론 날 믿을 수가 없었나요
나의 사랑이 그대에게 부족해 보였나요

이렇게 혼자 남아 그대를 떠올려도 눈물이 흐르질 않아요
그댄 내가 이별을 조금씩 준비한 탓이라고 하겠죠

하지만 나의 마음엔 처음처럼 그대 모습이 있어요
아직도 나의 마음은 변함없이 그대 곁에 머물러 있는걸요

그대에게 주었던 사랑이 없다면
나에겐 아파할 사랑도 없어야 하겠죠

이별이 찾아올 줄 알았대도
떠날 수 없는 그대 모습만 나의 마음에 있는걸요

사랑이 처음 술에 취한 날

남몰래 키워온 나의 감정을 주체할 수가 없어
어설픈 술자리 속에 섣부른 고백을 하였죠
아무런 준비도 안 되었는지 마음조차 없었는지
그댄 어색한 침묵만 지키고 있네요

흔들리는 몸과 마음을 그대에게 기대고파
그대 곁에 다가서려 하지만
자꾸 비틀거리는 나의 모습에
감당하지 못하고 그대는 돌아서네요

그대여 나의 팔을 잡아주어요
쓰러지는 나를 지켜주세요
입가에 맴도는 나의 바램 속에
멀어지는 그댈 받아들일게요

지금은 나의 모습이 실망스럽다 해도
언젠가 그대가 다른 사람을 만나
오늘같이 취한 고백을 듣게 된다면
그땐 그 사람을 이해하게 되겠죠

나 역시 그럴 테죠
다른 사랑을 만난다 해도
오늘처럼 서투른
술에 젖은 고백은 없을 거예요

아홉 번의 시작

아홉 번의 시작이 있었어요
그대만을 위한 아홉 번의 시작
새로운 시작을 할 때마다
남 몰래 간직하는 눈물도 있었죠

한 번의 끝도 없었죠
그대 곁을 떠나는 한 번의 끝도
언제나 새로운 시작으로
끝이 나에게 다가오는 것을 몰랐나 봐요

그댄 나에게 소중한 사람이기에
그대에게 다가가는 것이 조심스러웠고
그대 사랑을 먼저 생각했기에
끝이 없는 시작에도 나 견딜 수 있었어요

이제 또다시 시작되는 새로운 시작 앞에서
나도 모르게 망설여지는데
더 이상 흐르지 않는 눈물에
조금씩 나의 시작도 지쳐 가는 탓일까요

어쩌면 또 한 번의 시작에
우리의 사랑이 시작될 것 같아
자꾸만 지나간 시간들을 뒤돌아보며
안타까워하고 있어요

나 이제 아홉 번의 끝이 없는 시작 속에서
조금은 알 것 같아요
더 이상의 시작을 할 수 없는 지금
이 순간이 한 번뿐인 끝이라는 것을

그대 없는 사랑보다

알아요 날 붙잡아 줄 수 없다는 걸
그대도 날 보내고 싶지 않다는 것도
하지만 결국엔 그대가 먼저 숨으려 하겠죠

그래요 난 너무나 지쳐 있었나 봐요
그대 아닌 누군가가 내 마음을 붙잡아요
한 번도 다른 누구에게 마음 준 적 없었는데

언제까지나 그대를 기다리려고 했어요
그대만 있으면 행복 또한 함께할 거라 생각했기에

그대 없는 사랑이란 생각할 수 없었지만
사랑 없는 그대란 이젠 견딜 수 없게 만들어요

지금이라도 나에게 다가오면 되는 걸 알 텐데
변함없이 그곳에 서성이다 어둠 속으로 돌아가겠죠

언제라도 나에게 다가오면 된다고는 생각 말아 줘요
변함없이 그곳에 날 잊은 채 추억이랑 머물러 줘요
지금 날 잡아 줄 수 없다면…

이별에 즈음하여

처음부터 준비된 이별이었는데
그동안 잊고 살았었나 봐

이별이 다가올 줄 알았더라면
시간도 추억도 아끼며 살 수 있었을까

시간은 우리에게 사랑을 뿌리며 지나갔지만
다가올 시간은 우리 곁의 추억조차 거두어 가겠지

다시 만날 날을 기약하지 않아도
언젠가 우리 다시 만나면
더 큰 사랑으로 다가오겠죠
희미한 기억이나마 우리를 하나로 묶어줄 테니

불현듯 우리에게 다가온 이별처럼
지금껏 우리 나누지 못한 아쉬움만 커 보이지만
마음속에 여운 하나씩 소중히 간직한 채 떠나요

3부

이별은 그리움으로 떠돌아

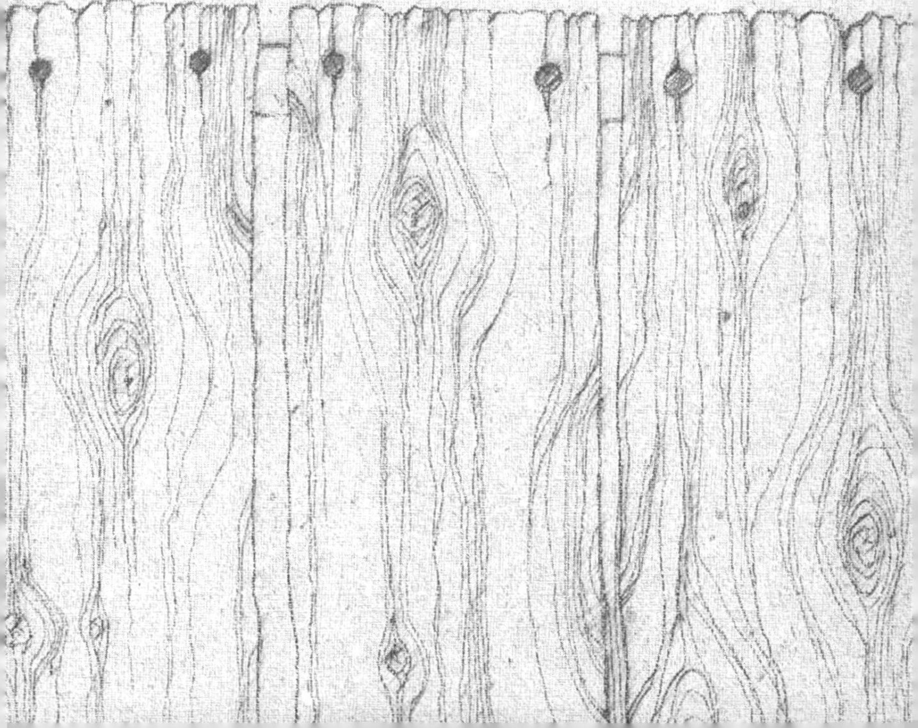

눈을 뜨면 사라져 버리는 그대 모습처럼
끝이 없는 여행을 막을 수가 있을까
그대에게로 떠나는 여행엔
나의 눈물만큼
그대에게 새로움만 느껴지는데

어둠이 가면 다시 떠오르는 붉은 태양처럼
누군가를 또다시 만날 수가 있을까
그대에게만 허락된 여행엔
흘린 눈물만큼
그대 향한 그리움만 더해 가는데

생각의 시작과 끝

생각이 생각을 부르면
난 그대에게로 빠져들어요
생각의 시작에는 늘 항상 그대가 있어요

생각이 가슴으로 깊어지면
난 그대 곁에 머물러 있어요
생각의 끝에는 언제나 그대가 있어요

속절없이 생각은 생겨나고 그대는 다가오고
난 힘없이 그 생각들을 바라보고 있어요

생각이 나의 것이라면
그대를 어디론가 떠나보내고 싶은데
생각의 시작도 끝도 모두 그대 것인걸

생각이 진정 나의 것이라면
후회 없이 그대를 떠나보낼 수 있을까
처음도 지금까지도 그대만을 사랑하고 있는데

비와 함께

그대를 그리다
살며시 잠이 든 이른 새벽
창문을 두드리는 빗소리에
선잠을 깨어 그대 모습 찾아요

방 안에 불을 켜
꿈에서 현실로 돌아오는 사이
꿈속에서 보았던 그대가
이 빗속에 홀로 서 있을 것만 같아요

그대, 행여나 그대 모습
나의 눈에 뜨일까
모두 잠든 이른 새벽
비에 숨어 오셨나요

그대, 행여나 그대 모습
나의 눈에 뜨일까
이 비가 그치기 전에
서둘러 내 곁을 떠나가나요

그대도 나처럼 이 비에 젖은 채
비에 묻은 그리움을 마주하고 있나요
조금씩 잦아드는 빗줄기에
불현듯 우리 이별을 떠올리며

그대도 나처럼 이 비가 그치면
고여 있는 그리움에 추억과 잠이 드나요
밀려드는 그대 모습
우리 다시 만나길 꿈꾸며

그대 안의 난

아직도 그대 안의 난
잘 지내고 있는지
이제는 그대 안의 날
어디론가 떠나보냈는지

아직도 내 맘속의 그댄
날마다 커져만 가요
이제는 내 맘속의 그댈
떠나보낼 자신이 없어요

하루 종일 비가 내리는 날이면
그대 마음에도 비가 내리나요
꿈인 듯 현실인 듯 그대 안의 난
그대 눈물에 젖어만 가요

처음 가졌던 그대 안의 내 모습에
아무런 변함이 없다면
내 맘속의 그대 모습처럼
환한 미소로 내게 달려와 줘요

그대가 다시 내게로
돌아오고픈 마음이 드는 날이면
그대 안의 내 모습처럼
우리 사랑 변함없다고 생각해 줘요

방향감각

난 방향감각이 없어
그대에게로 가는 길을 알지 못하는걸요

그대가 나에게서 멀어지는 것이라면
세상 끝 어디라도 함께할 터이지만
언제나 그곳에 머물러 있는 그대이기에
한걸음 다가서기도 조심스럽기만 해요

그대를 만나기 전에도
우린 평행선이었을 터인데
그댈 알게 된 지금도
인연은 평행선이라 말하네요

오늘의 인연을 이야기할 때
어제까지의 인연은 담아 두지 않듯
내일의 인연을 마주하게 될 때
오늘까지의 인연 또한 비워질 거라 믿어요

난 방향감각이 없어
그대에게로 가는 길을 알지 못하지만

그대를 만나기 전의 인연이
내일의 인연으로 가는 운명의 길을 가고 있는걸요

그곳에 가면

그곳에 가면 너와 나의 버려진 추억들이
너와 함께 올 때는 보이지 않았던 추억들이
어느새 먼지가 되어 쌓여 있었네

때론 나뒹구는 추억들을 담아 오지만
언제나 그곳엔 버려진 추억들로 쌓여만 가고
다시 바람이 불고 비가 내려 나의 발길이 닿지 않아도
한번 둥지를 튼 추억은 사라질 줄 모르네

버려진 추억을 쓸어 모아 불을 지피면
매서운 연기는 너의 얼굴이 되어 날 눈물짓게 하고
한번 피워버린 불길은 나의 눈물이 다하도록
꺼질 줄 모르고 나의 주위를 맴도네

어둠이 내려 더욱 짙은 너의 모습에
나 또한 떠날 줄 몰라 한참을 서성이다
떨어진 눈물 위에 살며시
또 하나의 추억을 버리고 돌아서네

하얀 눈물

오늘 밤에도 하얀 눈물 자국이
파란 하늘 사이에 떨어지네요

어제도 하얀 하늘이 되도록 버리고 버렸건만
아직도 밤하늘엔 추억이 남아 있나 봐요

그대 떠난 빈자리는 채우고 또 채웠건만
비워 내지 못한 추억이라 채워지지 않나 봐요

추억이 없으면 눈물도 없다지만
추억을 채우기 위한 만남은
또 다른 눈물이 될 것이기에

오늘 밤에도 하얀 눈물 자국이
파란 하늘 사이에 떨어지지만
밤이 짧아 하늘이 좁아
모든 눈물을 비워 낼 수 없나 봐요

그대와 멀어지고 난 후

내가 무슨 생각을 하고 있는지
무슨 생각을 해야 하는지
아무것도 알 수 없어요
그대와 멀어지고 난 후

나의 사랑이 떠나갔는지
그대가 내 곁을 떠나갔는지
아무것도 느낄 수 없어요
그대와 멀어지고 난 후

나만을 생각해 주는
누군가를 떠올릴 수 있는
나만의 사람이 있다는 게 어떤 의미였는지
아무것도 알 수 없었어요
그대와 멀어지기 전엔

안으로만 쌓여 가는
갈 길 잃은 나의 고백만큼
그대 향한 그리움 또한
낯설게 쌓여만 가요

내가 무슨 생각을 하고 있는지
무슨 말들을 하고 싶은지
아무것도 알지 못한 채
낯선 그리움만 다가와요

언제나 오늘만

그때가 오늘이었나요
그대를 처음 만난 날
언제나 나의 사랑이 다가올 오늘만을
기다리며 지내왔었죠

그때가 오늘이었나요
우리 처음 다툰 날
서로의 오해로 인해
우리도 다툴 수 있단 사실에 놀라웠었죠

그래요 그대 없는 난
그대 기억들과 함께 살아가고 있어요
오늘은 그대와 무슨 일을 했었는지
우리가 얼마나 사랑했었는지
어떤 추억을 나누었는지

그대도 알고 있나요
오늘이 서로의 마음을 나누었던 날인 걸
언제나 오늘이 오면
처음 설레임으로 되돌아가자던 약속을

그대도 알고 있나요
오늘이 우리의 사랑을 반씩 나눠 가지던 날인 걸
함께했던 수많은 나날보다
오늘 하루로 나의 모든 삶이 얼룩져 있는 걸

그대도 알아주길 바래요
오늘도 내일도 그대만을 기다리고 있는 나란 걸
언젠가 그대를 다시 만나는
새로운 오늘들을 꿈꾸며 행복해질 나란 걸

낯선 곳에서

이름도 모르는 낯선 곳에 서서
기억 뒤편의 너를 떠올리며
더욱 낯설어 하는 건 왜인지

그날의 너의 변해 버린 표정에
아무런 말도 하지 못한 채
낯설어 하던 기억 때문인지

어떻게 이런 낯선 곳까지
오게 되었는지 기억은 없지만
이곳까지 이르는 어딘가에
낯익은 거리가 있었다는 게 믿기 어려워져

무작정 그림자를 따라 떠도는
지금의 나의 모습이
어쩌면 너를 잃고 방황하는
나의 모습은 아닌지

시간이 흐름에 따라
새로운 풍경들이 익숙해지지만

한고비 지나면
다시 제자리에 머물러 있는
나를 발견하곤 해

행여나 헤어날 수 없는 곳으로
가게 될까 뒤돌아보며
다신 예전으로 돌아갈 수 없다는 생각에
두려움만 가득해

지친 발걸음에 누군가에게 손을 내밀고 싶어도
나를 기다려 주지 않는 표정은
더욱 나를 힘들게 하고
너만이 날 이곳에서
헤어나게 할 수 있다는 안타까움에
예전의 너의 환한 미소가 더욱 그리워져

이름도 모르는 낯선 곳에 서서
기억 뒤편의 너를 떠올리니
더욱 헤어날 수 없는 건 왜인지

다시 돌아가도 되나요

내가 그대를 떠난 줄 알았더니
그대가 나를 떠났나 봐
홀로 남은 이 시간
그대 모습 없음에
내 마음 더욱 허전해

이젠 그대를 잊은 줄 알았더니
그대만 나를 지웠나 봐
함께했던 시간들
지금 혼자 있어도
내 마음 모두 그대 것인걸

내가 그댈 떠난 것이라면
다시 돌아가고 싶은데
그대도 날 떠났는지
이젠 되돌릴 수 없는지

그대 가진 빈자리가
이젠 채워지고 없나요

우리라는 기억들은
모두 지워졌나요

그대 행여 빈자리에
다시 돌아가도 되나요
우리라는 이름들은
아직 남아 있나요

그대 모습 지울 수 있음에

그대 벌써 나를 잊으셨나요
내 마음도 알지 못한 채
아직도 못다 한 고백만 가슴에 남아 있는데

그대 이젠 나를 잊으셨나요
내 마음을 가져 버린 채
언제나 그댈 곁에서 바라보길 바랬었는데

아무도 몰래 커버린 그대 향한 감정을
이렇게 멀어질 줄 알았던들
아픔 하나 없이 잠재울 수 있었을까요

그대에겐 내 모습 떠오르지 않겠죠
난 지워도 지워도
하늘 가득 그대 미소 묻어나는데

그대에겐 내 모습 남아 있지 않겠죠
난 지울 수 있는 그대 모습 남아 있음에
가슴 가득 행복해 하는데
오늘도 그대 모습 지울 수 있음에…

헤어날 수 없는 추억

늘 추억은 나의 바램과 무관하게 시작되지만
난 아직도 그곳을 마음대로 빠져나올 수는 없어
난 가끔은 그런 추억이 있었음에 당황해하고
헤어날 수 없는 나의 생활은 무기력하기만 하지

날마다 더욱더 짙어지는 너의 그리움에
시작은 한걸음 가까이 나에게로 다가오고
날마다 새롭게 더해지는 우리의 추억에
영원히 너만을 맴돌다 잊을 수가 없을 테지

다른 사람을 만나도 다른 추억이 보이지 않아
너에 대한 그리움만 커져갈 뿐
다른 생각을 하여도 다른 시작이 되지를 않아
너에 대한 추억만이 더해질 뿐

만남의 시간만큼 헤어짐의 시간이 필요한가요
사랑이 깊어지듯 추억 또한 깊어지는 건가요
언젠간 이런 추억이 있었음에 감사하게 되겠죠
둘이 함께했던 시간보다 오래 너와 함께 있을 수 있으니

늘 가까이서

늘 가까이서 그댈 볼 수 있어
알 수 없었나 봐요
내가 그대를
얼마나 좋아하고 있었는지

늘 가까이서 그댈 볼 수 있어
행복했었나 봐요
그대와 떨어져 있으니
외로움만 커져 가네요

그대를 사랑하는 나의 마음
이렇게 알게 되었어요
사랑은 갑자기 생겨나는 것이 아니라
내 맘속에 숨어 있었나 봐요

다시 그대를 만난다면
알게 된 나의 사랑을 드리고 싶어요
두 번 다시 그대와 떨어져
지낼 수 없는 나의 사랑을

다시 그대를 만난다면
멀어짐은 한 번으로 충분할 거예요
두 번 다시 그대와 헤어져
살아갈 수 없는 나의 삶이란 걸 알기에

그대에게로 떠나는 여행

낮 동안 어지럽던 나의 머리는
어둠과 함께 빛을 더하고
일상에 찌든 나의 마음은
그대에게로 여행을 떠나요

낮 동안 한두 번씩 그대 모습은
불현듯 나를 찾아오지만
어둠이 내리면 나도 모르게
그대에게 떠나는 노크를 해요

그대만을 생각하는 나의 마음은
지금도 변함이 없고
그대 또한 오늘도
변함없는 미소를 나에게 보내는데

예전 그대와 함께할 때엔 웃음의 메아리 속에서
우린 혼자가 아님을 나 알 수 있었지만
이젠 그대의 가질 수 없는 웃음에 눈물을 흘리며
홀로 남겨진 현실에 나 힘들게 고개를 저어요

눈을 뜨면 사라져 버리는 그대 모습처럼
끝이 없는 여행을 막을 수가 있을까
그대에게로 떠나는 여행엔
나의 눈물만큼
그대에게 새로움만 느껴지는데

어둠이 가면 다시 떠오르는 붉은 태양처럼
누군가를 또다시 만날 수가 있을까
그대에게만 허락된 여행엔
흘린 눈물만큼
그대 향한 그리움만 더해 가는데

우리 함께 보낸 시간보다

내가 그대를 보내기보다
그대가 나를 보낼 수 있어 다행이에요
내가 그대를 보내게 되면
그대 가는 앞길에서 다시 기다릴 테니

내가 그대를 떠나기보다
그대가 나를 떠날 수 있어 다행이에요
내가 그대를 떠나게 되면
그대 있는 그곳으로 다시 돌아올 테니

우리 함께 보낸 시간보다
함께 보내야 할 시간이 많기에
나를 보내려 한다는
나를 떠나려 한다는
그댈 아프게 하는 그대의 눈물

우리 함께 보낸 시간보다
함께 보내야 할 시간이 많기에
그댈 떠나야 하는

그댈 잡지 못하는
나를 슬프게 하는 나의 사랑

우리 함께 보낸 시간보다
함께 보내야 할 시간이 더 많은데
다시 그대에게 돌아가도 되는지
다시 그대 돌아올 수 없는지

기억이 아니라

무심히 흐르는 세월과 어김없이 돌아오는 계절 속에
나 아직 그대를 잊지 못하는 건
기억이 아니라 삶의 일부였기 때문에

또다시 세월이 흐르고 변함없이 계절은 돌아온대도
나 영원히 그대를 잊을 수 없는 건
추억이 아니라 삶의 전부가 되어 가고 있기에

한 번 더 그대 모습 보고픈 마음 간절하여도
나의 외로움으로
그대는 아닌 그대완 무관한
나의 그리움일 뿐일 텐데

그대 모습 찾기보다
그댈 잊어야 하는 이율 찾아 헤매는 건
그대 또한 내가 삶의 일부였대도
이제 다른 누군가로 채워져 가기에

새로운 사랑을 찾기보다
그댈 잊어야 하는 이율 찾아 헤매는 건

그대로 인한 나의 삶들에
남아 있는 사랑의 빈자리가 없기에

그대는 기억이 아니라 내 삶의 일부이기 때문에…

사랑 다음 추억

눈을 떠 봐도 현실이 보이지 않아요
그대가 떠난 현실이
영원한 사랑만이 우리의 현실인 줄 알았나 봐요

눈을 감으면 그대의 모습이 있어요
그대가 떠난 지금도
사랑은 그대 모습을 내 곁에 추억으로 남기나 봐요

그대의 모습이 내 곁에 남아 있는 한
추억도 또 다른 사랑이라 믿으며

영원히 내게 오지 않을 그대가 잊혀질 날까지
그대 모습을 그리며 그대 모습을 꿈꾸며
추억과 살아갈 테죠

영원히 내게 오지 않을 그대가 돌아올 날까지
그대 모습을 지우려 그대 모습을 잊으려
추억과 살아갈 테죠

삶의 여유가 생기면

살아가다 삶의 여유가 생기면
그때 널 잊기 시작할게
널 잊음의 시간이 언제 끝날지 모르지만

살아가다 삶의 여유가 생기면
그때 넌 날 돌아봐 줘
널 잊음의 시간은 언제라도 되돌릴 수 있으니

지금 너에겐 삶의 울타리 속에서
날 떠올릴 이유가 없겠지만
나 역시 지금은 삶의 벼랑 끝에서
널 놓아 버릴 자신은 없기에

가끔은 날 붙들고 있는 너의 가녀린 손이 애달파
너의 손을 뿌리치고 싶지만
난 벼랑 끝 아래 조그만 발 디딜 공간도 없는걸

지금도 날 붙들고 있는 너의 가녀린 손을 의지한 채
하루만큼 삶의 여유는 쌓여 가는데
너 또한 타고 남은 재만큼 삶의 여유가 쌓여 가는지

4부

그리움은 또 다른 시작과 맞선다

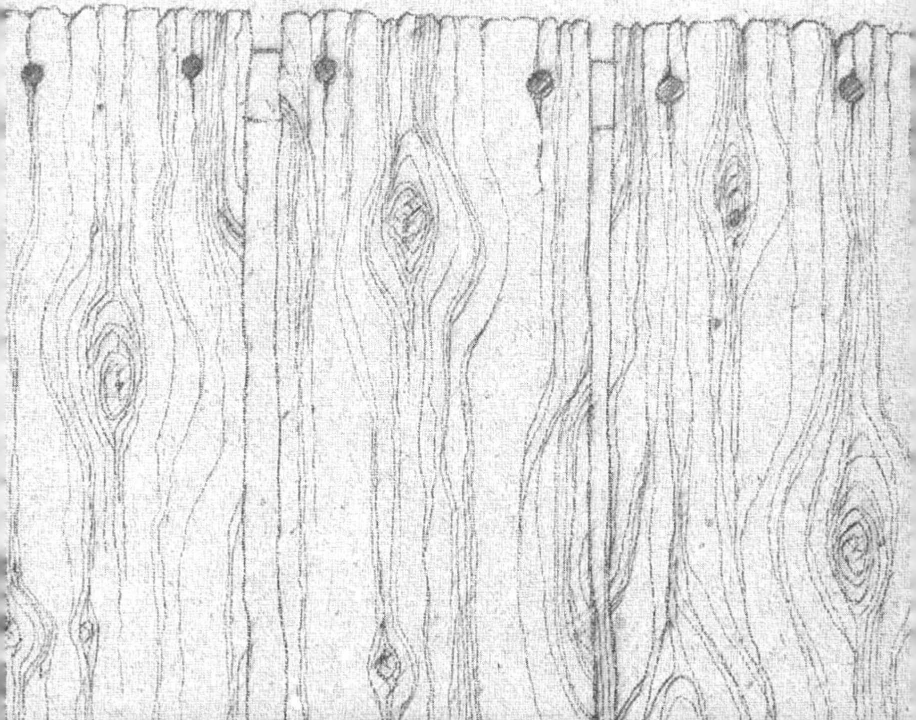

또다시 다가온 사랑을 떠나보내며
눈물만 흘러내려요
그대만큼은 나의 인연
나의 사랑이 되어 주길 바랬나 봐요

하지만 내 맘 그대 역시도
어긋난 인연으로 돌리려 하는걸요

첫사랑이 떠난 뒤의 사랑은…

새로운 사랑 앞에 머물러

그대 알고 있나요
나 많이도 그대 곁에 머물렀다는 걸
그대가 떠나간 후에도 언제나 그랬던 것처럼

그대 알고 있나요
나 새로운 사랑 앞에 머물러 있단 걸
조금씩 그대의 모습이 내게서 멀어져만 가요

한때는 그대 향한 그리움인 듯
어쩔 수 없는 미련인 듯
그대를 잊는 것조차도 감정의 배신이라 생각했었는데

나 그대를 지워도 되는 건지
행여 나처럼 지금 혼자인 건 아닌지
그대가 떠나가던 날만큼 가슴이 아파 와요

우리 이 다음에 후회하지 않을는지
행여 나처럼 그대 눈물짓지 않을는지
그대도 떠나가던 그 밤에 내 생각을 했나요

두 번째 사랑

이런 적이 있었어요
눈길 한번 제대로 맞추지 못하고
가슴만 두근거리던 때가

이런 적이 있었어요
말 한번 제대로 건네지 못하고
뒷모습만 하염없이 바라보던 때가

이젠 헤아릴 수 없을 만큼
많은 시간들 속에
옛사랑 그녀 모습 떠오르지 않는데

오늘 다시 그랬어요
그대를 처음 바라보던 순간

나에게 아직도 이런 감정이 남아 있음을
부정하고 의심하고 손을 저어 보아도
옛사랑 감정의 불씨는 아니에요

나에게 다시는 이런 감정이 생기지 않음에
포기하고 외면하고 기대를 버렸었는데
새로운 사랑 그대
그대만이 줄 수 있을 뿐이에요

떠나보내는 인연

사랑이 또다시 다가오는 소리가 들려요
내 맘 나도 모르게 저 멀리 달아나고 있어요

뒤돌아서 두 눈 감은 채 사랑을 부르고 싶어요
누군가 멈춰 버릴까 가슴 졸이며 기다리고 있어요

인연이 있으면 다시 만나리란 가벼운 말을 흘리며
혼자 남아 스쳐 가는 인연의 그림자만
뒤쫓고 있어요

또다시 누군가 내게 다가오는 눈길이 느껴져요
그동안 꿈꿔 왔던 그대란 것도 느껴져요
하지만 내 맘 나도 모르게
저만치 달아나고 있는걸요

또다시 다가온 사랑을 떠나보내며
눈물만 흘러내려요
그대만큼은 나의 인연
나의 사랑이 되어 주길 바랬나 봐요

하지만 내 맘 그대 역시도
어긋난 인연으로 돌리려 하는걸요

첫사랑이 떠난 뒤의 사랑은…

한 사람을 위한 하나의 마음

나의 마음이 하나인 탓에
한 사람만을 담을 수가 있나 봐요
다시 사랑을 하면
그녈 잊을 수 있다기에 그댈 만났지만
그녈 잊을수록 나의 마음 또한 작아질 뿐이에요

나의 마음이 사라져 가는데
그대 내게 다가서려 하지 말아요
그대 환한 미소에
그녈 잊을 수 있을 것 같아 그댈 만났지만
이미 모두 줘 버린 나의 마음은 다시 생겨나지 않네요

가끔은 그대 눈빛에 빨려 들기도 하지만
예전에 그녀와의 이런 순간이 떠올라
당황해 하는 나의 모습 본 적 없나요

아무 의미도 없이 던진 그대의 한마디에
예전에 그녀가 했던 속삭임이 떠올라
말문을 막던 나의 표정 기억나지 않나요

그대 함께 있는 것만으로도 행복하다 말아요
다른 사람의 인생에 전부가 되어야 할 그대에게
모든 걸 줄 수 없는 지금의 난 그댈 사랑할 순 없어요

그대 또한 한 사람만을 가슴 깊이 간직하게 되어
다른 누구도 다시 사랑할 수 없는 아픔을
난 그대에게 줄 수 없어요

우연히 널 만난다면

우연히 널 만난다면 그럴 리 없겠지만
넌 다른 세상에 살고 있으니

우연히 널 만난다면 그럴 수 없겠지만
나 역시 다른 세상에 살고 있으니

그래도 우연히 널 만나게 된다면
넌 너의 세상만을 이야기하려 하겠지

행여나 그대가 나의 세계를 묻는다면
너는 없지만 너의 모습만 가득한 세상이라 말할 거야

너와 함께 거닐었던 추억의 거리를 혼자 걸으면
영화처럼 우연히 널 만날 것만 같은데

이젠 너의 다른 세상에 들어갈 수 없는 난
어렵게 발길을 돌려
나만의 삶들로 돌아와야 하겠지

재회

너무도 어렵고 힘들게 느껴졌어요
떠나간 그대를 다시 만난다는 게

어쩌면 포기를 했었는지도 몰라요
그대와 단둘이 다시 마주 앉게 되리라는 걸

그대를 기다린 것도 아니에요
새로운 만남이 싫어졌을 뿐

그대를 그리워한 건 사실이죠
사랑도 추억도 모두 내게 남기고 갔으니

오늘 우연히 그대를 본 순간
나의 그리움과 외로움을 보게 되었죠

그대 이름을 읊조리는 내 모습에
그댈 아직도 사랑하는 나의 맘 알게 되었어요

그동안의 시간도 눈물도 모두 잊은 채
그대만이 나의 사랑이라 말하고 싶어요

그댈 잊기 위해서

떠난 그댈 잊기 위해서
나 홀로 여행을 떠나 보아요
그대와 무관한 낯선 곳에서
그댈 잊어 보려고 해요

떠난 그댈 잊기 위해서
내 안의 추억을 버려 보아요
그대와 함께한 모든 곳에서
그댈 잊으려 하고 있어요

그댈 잊기 위해서
처음 그대를 사랑할 때 빌었던 소원만큼
내 모든 걸 아낌없이 포기할 수 있는
내가 되어 가고 있어요

이제는 그댈 잊기 위해서
마지막 남은 희망마저도 버리려고 해요
그대가 다시 돌아오기를 바라며
비워 둔 빈자리도 애써 버리려 해요

이제는 그댈 기다리고 있는
초라한 나의 모습마저도 버리려고 해요
또 다른 사랑을 받아들이도록
새로운 빈자리를 준비하려 해요

그댈 잊기 위해서…

첫사랑일 뿐

오래 전 그대와 같이 보냈던 시간을
이 순간 그녀와 함께하며
새삼 추억을 떠올리는 건
남아 있는 미련 때문만은 아닐 거야

행복한 그녀의 모습에
떠나간 그대의 얼굴이 자꾸만 어른거리고
그땐 함께한 시간의 소중함을 몰랐던
안타까움은 있지만

다정히 바라보는 그녀의 눈빛에
왠지 이 자리가 낯설게만 느껴져도
나의 어색한 몸짓도 포근히 감싸 주는
그녀의 미소가 사랑으로 다가오는데

그대로 인하여 이 순간의 소중함을 알게 된 지금
지나간 안타까움을 이제 다시 남길 수 없음에
힘들어도 그대 모습 조용히 떠나보내곤 해

더 많은 시간 동안 잊혀진 추억 속에서 되살아나
나의 새로운 만남을 낯설게 만든다 해도
이젠 되돌아갈 수 없는
그대는 나만의 첫사랑일 뿐

지나간 추억과 새로운 사랑

잊을 수 없을 거라 생각했던 그대가
어느새 내 마음을 떠나갔어요

그렇게 붙들고 싶었던 그대를
힘들게 내 마음도 떠나보냈죠

이제는 끝이라고 생각했던 그대가
다시 또 내 마음을 찾아오네요

새로운 만남에 이르러 그대는
쉽게도 내 마음에 떠오르네요

다시 찾아온 새로운 나의 사랑 앞에서
그대와의 추억은 새로운 사랑에 겹쳐
나를 힘들게 하네요

미처 발견하지 못했던 그대 모습이
낯선 곳에 숨어 있다 하여도
어렵게 선택한 사랑을 아프게 할 순 없어요

흐르는 시간과 함께 새로운 추억만
내 곁에 남겨지게 되겠죠
이제 지나간 추억과 함께
그대를 다시 떠나보내요

하늘이 무너져도 솟아날 구멍은 있다

하늘에는 구멍이 나 하루 종일 비만 내리고
사귀어 왔던 그녀는 괜스레 피하려고 하는데
내 가슴에 구멍이 나면 눈물이 흘러내릴까

하늘에는 난리가 나 여기저기 번개가 치고
사귀어 왔던 그녀가 이제는 연락조차 말라는데
내 머리에 난리가 나면 가슴만 움켜쥐고 있을까

이렇게 기분이 우울한 날엔
우산 하나 딸랑 들고 거리를 걸어요
뜨거운 눈물이 흘러도 빗물이라 여기며
판도라의 행운을 찾으러 떠나요

오늘은 하늘이 무너져 비만 내리지만
설마하니 언제까지 비만 내리겠어요
구름 뒤에 태양이 버티고 있듯
울음 뒤엔 웃음이 찾아올 거예요

내일도 하늘이 고장 나 번개가 친대도
설마하니 하늘이 없어지기야 하겠어요

그늘 곁에 햇볕이 비추고 있듯
이별 뒤엔 사랑이 찾아올 거예요

하늘이 무너져도 솟아날 구멍은 있을 테니까요

그대를 기억하진 않지만

오늘도 우연히 난 그대를 떠올리지만
그대를 결코 기억하는 것은 아니에요

가끔은 그대를 기억하려 해도 보이지 않지만
어느 순간 나도 모르게 다가온 그댈 발견하곤 해요

시간이 흐름에 따라 그대 기억은 지워지지만
더 많은 것들과 더불어 그대를 떠올리게 될 테죠

떠올리는 것은 기억하는 것보다 더 처절한걸요
머릿속에 담는 것이 아니라 가슴에 담겨 있기 때문에

영원히 그대를 기억할 순 없어도
언제나 그대는 나를 맴돌며 여기저기서 떠오를 테죠

그대를 잊었다고 자신 있게 말할 순 있겠지만
죽는 날까지 떠오르는 그대의 모습은
가져갈 수밖에 없을 거예요

사랑의 아이러니

지나온 나의 모든 시간들에
힘든 기억을 찾을 수 없는 건
어쩌면 그대와의 만남이 있었기 때문은 아닌지

가끔은 준비 못한 시련들에
어려운 순간도 있었을 테지만
그대가 옆에 있으리란 믿음에 두려움이란 없었는데

나 지금 이렇게 그대와 멀어져 홀로 지내며
그대가 잠시 덜어 준 삶의 무게에 힘들어 하는 건
그대가 있음에 느끼지 못했던 고달픈 사랑의 길을
다름 아닌 그대로 인하여 알게 되었기 때문일 거야

한 사람을 만나 서로 사랑하는 길이 이렇게 힘이 들어
다시 그 길을 다른 사람과 함께할 수 없다 해도

한순간 사랑의 기쁨은 어디론가 사라져
아픔만이 가득한 지금
그대를 다시 만난다 해도 사랑할 순 없겠지

불현듯 그댈 그리워한대도

오늘 불현듯 떠오른 그대 모습에
한참을 멍하니 앉아 있었어요
이제는 그대 모습을
기억에서 지운 줄 알았었는데

처음 보았던 해맑은 그대 모습에
많이도 그댈 보고파 했었어요
그대가 떠난 이후
얼마나 눈물로 지새웠는데

아직도 혼자인 나의 모습이
그댈 기다리는 것은 아니지만
불현듯 예전처럼 그댈 그리워함에
그대가 가까이 있는 것 같아요

오늘 우연히 그대를 그리워한대도
예전의 그리움은 아닐 거예요
다시 돌아갈 수 없는
아쉬움만 남아 있을 뿐

오늘 우연히 그대를 거리에서 마주친대도
예전의 설레임은 없을 거예요
처음 그대가 주었던 용기는
더 이상 남아 있지 않으니

내가 사랑을 하고 있을까

문득 그대를 보내고 돌아서는 어둠 위로
나의 마음
새가 되어 어디론가 날아가요

지금 그대를 만나며 사랑을 하는 듯하지만
사랑이 남아 있지 않은 난
정말 사랑을 하고 있을까요

그대로 인해 외로움도 허전함도 사라져 갔어요
잃어버린 웃음도 찾을 수 있었어요

하지만 지금도 변함없이 단지 그것뿐이에요
잃어버린 마음은 다시 돌아오지 않는걸요

그대의 해맑은 미소를 보면
생겨나지 않는 사랑의 감정에
다른 사람의 자리에
잘못 앉아 있는 듯 느껴져요

그대의 해맑은 미소가
점점 나와 무관하게 느껴질 때면
나의 마음
그대의 영원한 미소 위해
새가 되어 날아가리오

예전의 나처럼

언제부턴가
나를 바라보는 그대의 시선이
왠지 부담스럽게 느껴지는 건
아직도 사랑할 준비가 안 되었기 때문일까요

언제까지나
나를 바라보는 그대의 시선이
자꾸 어색하게만 느껴진다면
그땐 그대를 어떻게 대해야만 하는 걸까요

그대의 미소가 너무 포근하다는 걸
그대가 한없이 좋은 사람이라는 걸
알지만
그대에게 다가갈 수 없어요

난 사랑의 마음을 모두 잃어버렸어요
다시는 내게 자라나지 않는걸요

난 사랑의 감정을 모두 지워버렸어요
다시는 내게 생겨나지 않는걸요

예전의 나처럼 견딜 수 없는 사랑이 가득할 때
조용히 나 그대를 떠나보내요

지금의 나처럼
다신 생겨나지 않는
공허한 사랑의 감정을 갖기 전에

현재의 사랑과 과거의 추억이

그대 떠난 후 다시 찾아온 나의 사랑
새로운 설레임에 나조차 낯설어

또 다른 사랑에 다시 떠오른 나의 추억
변함없는 미련인 듯 나조차 두려워

비좁은 하나뿐인 나의 가슴에
단 한 명 그리워할 여유도 없는데
현재의 사랑과 과거의 추억이 뒤섞여
나의 마음을 더욱 힘들게 하네

현재의 사랑과 과거의 추억이
나의 미래를 알 수 없게 만들고
무엇 하나 자신할 수 없는 내 모습에
다시 찾아온 사랑도 힘들어하네

현재의 사랑과 과거의 추억이
서로 싸우며 물러설 줄 모르고
머리론 현재의 사랑을 선택하지만
나의 가슴엔 과거의 추억이 떠날 줄을 모르네

영원한 그대

그대가 떠난 후 또 다른 사랑을 기다리며
추억은 과거 속에 묻히는 것이라 생각했어요

어느덧 새로운 사랑이 나에게로 다가와
만남은 현실 속에 숨쉬는 것이라 믿었죠

그러나 만남은 지나간 추억을 일깨우고
추억은 새로운 사랑을 잠재우며
그렇게 나의 삶을 지배하고 있어요

다른 사람을 만날수록 뚜렷해지는 그대 기억
새로운 사랑을 시작할 수 없는 우리의 추억
뒤늦게 깊은 사랑을 깨닫게 되네요

추억을 살아 있는 현실로 만들 수 있는 이
나에게는 오직 그대, 그대뿐입니다

그때

너에게 사랑을
고백했어야 했던 때가 있었으니
그때를 놓쳐 버린 나는
수많은 시간을 기다림으로

너의 빈자리를 침묵으로
지켜야 했던 때가 있었으니
그때를 알지 못한 나는
가슴 아픈 이별을 눈물로

너에게 다시
돌아가야 했던 때가 있었으니
그때를 믿지 못한 나는
기나긴 하얀 밤을 뜬눈으로

이젠 너를
잊어야 했던 때가 있었으니
그때를 인정치 못한 나는
그 누구도 사랑할 수 없는 그림자로

내가 알고 있는
내가 믿고 있는
내가 간직하고 있는 그때는
언제나 내가 너를 처음 만나던 날